Manfred Mai

Tobi sagt, was Sache ist

Manfred Mai

Tobi sagt, was Sache ist

Mit Illustrationen von
Charlotte Panowsky

Hase und Igel®

Für Lehrkräfte gibt es zu diesem Buch
ausführliches Begleitmaterial beim Hase und Igel Verlag.

www.hase-und-igel.de
Schulausgabe in neuer Rechtschreibung
Druck: Himmer AG, Augsburg

Kartonierte Ausgabe:
ISBN 978-3-86760-002-6 (10. Auflage 2008)
Gebundene Ausgabe:
ISBN 978-3-86760-631-8 (1. Auflage 2007)

Manchmal geschehen Dinge auf der Welt, die so unwahrscheinlich klingen, dass man sie kaum glauben kann. Genau wie in dieser Geschichte. Und ganz bestimmt werden einige kluge Leute behaupten, was dem neunjährigen Tobi passierte, sei unmöglich.

Sollen sie doch reden.

Wie sagte schon der große Dichter William Shakespeare? „Es gibt viele Dinge im Himmel und auf Erden, von denen die klugen Leute keine Ahnung haben.“

So ist es!

1

Seit zwei Wochen regnete es fast ununterbrochen. Und das in den Sommerferien! Einmal stand das Wasser bei den Breuers sogar knöchelhoch im Keller.

„Kniehoch", erzählte Tobi am nächsten Tag seinem Freund Philipp. „Wir konnten im Keller schwimmen wie im Hallenbad. Wenn es nicht bald aufhört zu regnen, wachsen mir noch Schwimmhäute und Flossen."

Tobi konnte sich schon gar nicht mehr vorstellen, wie es war, wenn einem die Sonne so lange auf den Rücken knallte, dass man einen schönen heißen Sonnenbrand bekam.

Doch eines Morgens schien sie wieder. Und wie! Ihre Strahlen fielen in Tobis Zimmer, krochen Millimeter um Millimeter über die Bettdecke bis zu seinem Gesicht.

Eine Mücke ließ sich auf Tobis Oberlippe nieder und wollte sich sonnen. Er wischte sie weg, schmatzte, nuschelte und drehte sich auf die Seite. Aber so schnell gab die Mücke nicht auf. Sie summte ein paarmal um Tobis Kopf herum und landete genau auf seinem Ohrläppchen. Kaum saß sie, da schlug er zu.

„Au!“, schrie er. „Was ist … wer hat mich … zum Teufel.“

Langsam begriff er, was passiert war, rieb sein Ohr und blinzelte in die Sonne. „Juhu!“ Mit einem Satz sprang er aus dem Bett, lief die Treppe hinunter und zum Haus hinaus. Im Garten streckte er die Arme gen Himmel, kniff die Augen zu und sah in seinem zerbeulten Schlafanzug aus wie ein indischer Sonnenanbeter.

„He, Tobi! Ist das die neueste Mode?“, rief Anne vom Nachbarhaus herüber. Sie stand am Fenster und lachte sich fast kaputt.

„Na klar“, antwortete Tobi, drehte ihr den Rücken zu und wackelte elegant mit dem Hintern. „Ich übe gerade für die größte Kindermodenschau des Jahres.“ Er zeigte auf seinen Schlafanzug. „Und das hier ist der neueste Hit aus Paris.“

Anne kringelte sich. „Katharina, komm schnell! Das musst du sehen!“, rief sie ins Zimmer.

Doch bevor auch noch Katharina über ihn lachen konnte, verschwand Tobi lieber. Bei Anne war es ihm egal. Die hatte sowieso ’ne Beule im Hirn, fand er. Aber Katharina sollte ihn nicht auslachen. Sonst würde er wieder dieses eigenartige Ziehen, Pochen und Kribbeln vom Bauch bis in die Brust spüren.

„Tobias!“ Die Mutter erschien kopfschüttelnd in der Haustür. „Was tust du denn da draußen im Schlafanzug? Komm sofort rein!“

„Ich kann nicht.“ Tobi tat, als wollte er ins Haus; aber irgendetwas schien ihn festzuhalten. „Der Geist lässt mich nicht mehr hinein.“

„Red keinen Unsinn!“

„Das ist kein Unsinn“, sagte Tobi. „Der Geist hat mich verfolgt und aus dem Haus gejagt.“

„Pass auf, gleich verfolge ich dich!“

„Au ja!“ Tobi lief um seine Mutter herum und heulte dabei wie eine Sirene.

„Halt!“

Tobi reagierte nicht.

„Tobias Wolfgang Breuer!“

Tobi verstummte und blieb stehen. Wenn seine Mutter ihn mit vollem Namen rief, dann war es besser, er hörte auf sie.

„Da du schon unten bist, wirst du dich jetzt erst mal waschen.“

„Mach ich gleich“, brummte Tobi.

Die Mutter packte ihn am Arm und ging mit ihm ins Haus. „Nicht gleich, sondern jetzt.“

„Ich muss nur noch schnell in mein Zimmer und nachsehen, ob der Geist auch wirklich weg ist.“

„Der ist weg, da bin ich ganz sicher“, sagte die Mutter und zeigte in Richtung Bad.

Tobi gab auf. Die Mama kann einem mit diesem dämlichen Waschfimmel selbst den schönsten Tag versauen, dachte er. Wenn es nach ihr ginge, müsste ich mich schrubben, bis meine Haut durchgescheuert wäre und Löcher hätte wie ein Schweizer Käse.

„Warte mal.“ Die Mutter hielt Tobi zurück und griff ihm in die Haare. „Denen schadet frisches Wasser auch nicht. Am besten stellst du dich gleich unter die Dusche."

„Ich hab doch erst gestern gebadet! Das ist ja die reinste Energieverschwendung. Außerdem sind Ferien."

„Erstens ist es schon drei oder vier Tage her, dass du gebadet hast. Zweitens reicht für so was unsere Energie gerade noch aus ..."

„Aber ich ..."

„Schluss jetzt", befahl die Mutter. „Entweder du tust, was ich sage, oder ich wasche dir die Haare."

Nur das nicht, dachte Tobi. Das wäre ja schrecklich. Doch er sagte keinen Ton mehr und verschwand

im Bad. Dort stellte er sich vor den Spiegel und streckte die Zunge raus. „Bääh!" Eigentlich galt das ja seiner Mutter, aber im Spiegel streckte er sich nun selbst die Zunge raus. Vor Ärger schnitt er eine furchterregende Grimasse. „Ganz schön blöd", grummelte er und es war nicht klar, wen er damit meinte.

„Hast du was gesagt?", rief seine Mutter.

„Ja, zu dem Geist!", antwortete Tobi. Und leise brummte er: „Dich sollte so ein Geist mal richtig erschrecken."

Er zog die Schlafanzugjacke aus, ließ das Wasser in der Dusche laufen und wartete, bis es schön warm war. Dann beugte er sich langsam nach vorne, damit seine Haare nass wurden. Nur nicht zu viel! Tobi überlegte gerade, ob er ein wenig Shampoo nehmen sollte, damit es wenigstens nach Haarewaschen roch, da kam die Mutter herein.

„Hab ich's mir doch gedacht", sagte sie. „Eine Trockendusche möchte der wasserscheue Herr." Sie lachte. „Na warte!"

Bevor Tobi richtig begriff, was geschah, stand er unter der Dusche. Er japste nach Luft wie ein Fisch an Land, wollte schimpfen, aber dabei lief ihm nur Wasser in den Mund. Und schon spürte er den bitteren Zitronengeschmack auf der Zunge. Oh, wie er dieses Shampoo hasste! Er hustete, als würde er gleich ersticken. Doch umsonst. Seine Mutter klopfte ihm kräftig auf den Rücken. Dann kreisten ihre Finger wieder auf seinem Kopf, als wollte sie einen Weltrekord im Haarewaschen aufstellen. Zumindest kam es Tobi so vor.

„Du bist ein richtiger Schlingel. Wolltest mich wieder austricksen. Aber zum Glück kenne ich dich, du bist ja schließlich mein Sohn. Das darfst du nicht vergessen."

„Wie sollte ich das vergessen“, murmelte Tobi. „Du reibst es mir ja gerade mit aller Gewalt in den Kopf.“

„Wer nicht hören will …“

„Jaja, das kenne ich. Trotzdem kannst du jetzt aufhören, sonst fallen mir noch die ganzen Haare aus. Dann hast du sie umsonst gewaschen.“ Tobi hatte sich von seinem ersten Schreck erholt und kam langsam wieder auf Touren.

Die Mutter nahm die Brause. „Mund und Augen zu, ich spüle den Schaum ab.“

Als sie endlich fertig war, sagte sie: „Waschen kannst du dich ja wohl selber. Und denk dran, ich kenne dich!“

Kaum war sie draußen, stieg Tobi aus der Duschwanne und griff nach dem Handtuch. Halt, sagte er sich plötzlich. Bestimmt schaut Mama gleich noch mal nach, ob ich mich auch wirklich wasche. Schnell stellte er sich wieder in die Dusche, nahm die Brause und ließ das Wasser kräftig gegen die Wand spritzen.

Seine Mutter schaute tatsächlich kurz herein. Tobi schien gerade den Seifenschaum abgeduscht zu haben. Sie nickte zufrieden.

Tobi grinste. Vielleicht wird der Tag doch noch gut, dachte er.

Vor dem Spiegel kämmte er sich einen schnurgeraden Mittelscheitel – wie die Schauspieler in uralten Filmen. Dann alle Haare glatt nach hinten, mit einer leichten Welle drin – beinahe wie Elvis Presley. Schließlich nahm er die Bürste, ließ sie kreuz und quer durch die Haare sausen – heraus kam eine Punkerfrisur. Die gefiel ihm. „Müsste nur wilder sein“, meinte er. „Farbig oder so.“ Tobi überlegte nicht lange, nahm den weinroten Lippenstift, der vor seiner Nase stand, und fuhr mit ihm über den Kopf. Na ja, das sah noch immer ziemlich fad aus. Aber wozu hatte seine Mutter die vielen Schminksachen? Ein paar Striche mit blauem und grünem Lidschatten –

schon wirkte die Sache ganz anders. Zum Schluss noch kräftig Puder drübergestreut und Tobi war von einem Punker nicht mehr zu unterscheiden.

So ging er in die Küche.

Seine Mutter stieß einen schrillen Schrei aus. „Bist du denn verrückt geworden!"

„Ich wollte nur mal probieren, wie es aussieht, wenn ich als Punker zum Kinderfasching gehe", erklärte Tobi.

„Kinderfasching?", fragte die Mutter. „Jetzt ist aber Hochsommer, wenn ich mich nicht irre."

„Man muss doch vorher üben …"

„Ich kann dir sagen, was du als Erstes üben musst: Haarewaschen. Du gehst jetzt ins Bad und wäschst deine Haare gleich noch mal."

Tobi verließ gesenkten Hauptes die Küche. Nichts verstand die Mama, aber auch gar nichts!

2

Tobi saß nur noch mit dem halben Po auf dem Rand der Eckbank. Er trank hastig von seinem Kakao und stopfte ein halbes Honigbrot in den Mund.

„Du sollst das Brot nicht so hinunterschlingen", mahnte die Mutter. „Das ist nicht gut."

„I mu och ei u Pfip", mampfte Tobi, „er wart bimmt on auf mi."

Das hörte sich so komisch an, dass die Mutter lächeln musste. „Mit einem halben Pfund im Mund soll man keine Geschichten erzählen. Dabei kommt nichts heraus als das Essen."

Tobi biss und schluckte kräftig, dann wiederholte er: „Ich muss doch gleich zu Philipp. Der wartet bestimmt schon auf mich."

„Der wartet bestimmt auch noch fünf Minuten länger, wenn er ein richtiger Freund ist."

So ein Geschwätz, dachte Tobi. Aber er sagte nichts, weil er jetzt keine Zeit zum Streiten hatte. Schon halb stehend schob er den Rest des Brotes in den Mund und kippte den Kakao hinterher.

„Dass ihr mir nichts anstellt." Die Mutter sah Tobi ernst an. „Ich will keine Klagen hören."

„Klar“, sagte er und lief los.
„Halt!“
„Was denn noch?“
Die Mutter zeigte auf die Tasse.
„Immer aufräumen“, meckerte er.
„Das sage ich auch jeden Tag ein paarmal. Mir macht es nämlich genauso wenig Spaß.“
Tobi stellte die Tasse in die Spülmaschine. „Kann ich jetzt endlich gehen?“
„Bitte.“
Er raste hinaus, holte seinen Zweirad-Mustang aus der Garage und gab ihm die Sporen, dass er vorne hochstieg. „Hü!“, schrie Tobi und sauste in gestrecktem Galopp die Straße entlang. Dabei schnalzte er immer wieder mit der Zunge wie ein Cowboy.
Vor Philipps Haus ritt er noch eine scharfe Kurve, stemmte sich plötzlich mit aller Kraft in die Steigbügel und riss die Zügel so heftig zurück, dass sein Mustang sich aufbäumte und mit ihm zu Boden stürzte. Doch so schnell, wie Tobi gestürzt war, so schnell stand er auch wieder auf, schaute sich um, schnappte sich sein Rad und schob es auf den Gehweg. Zum Glück war niemand in der Nähe.
„Scheiße!“, sagte er laut, rieb sein Knie und besah sich den aufgeschürften Ellbogen.

„Bist du gestürzt, Bub?“, fragte da jemand hinter ihm.

Auch das noch, die Schniegel-Paula!

„Ich war im Garten und hab’s scheppern hören. Da hab ich mir gleich gedacht, es muss was passiert sein. Tut’s denn arg weh?“

Tobi schüttelte stumm den Kopf. Die hat mir gerade noch gefehlt, dachte er. Die quatscht mir jetzt sicher wieder die Ohren voll, die alte Meckerziege.

„Ihr fahrt mit euern Rädern aber auch wie die Wilden. Die Hilde hat mir neulich erzählt, einer von euch hätte sie auf dem Gehweg beinahe umgefahren. Auf dem Gehweg! Da sollte man …“

Tobi ließ die Schniegel-Paula reden. Er lehnte sein Rad bei Philipp gegen den Zaun, ging durch den Garten und klingelte.

Philipps Mutter schaute oben aus dem Fenster. „Ja, was ist? Ach, du bist es, Tobias. Du, Philipp schläft noch und ich möchte ihn nicht wecken. Komm doch später noch mal.“

„Ist gut“, sagte Tobi. Aber er dachte: Nichts ist gut! So ein blöder Tag. Nichts klappt, alles läuft schief. Dabei hab ich mich so gefreut, dass endlich wieder die Sonne scheint. Und jetzt hagelt es überall. Er nahm sein Rad und fuhr los. Da hörte er plötzlich einen Pfiff. Tobi bremste und drehte sich um.

Philipp stand am Fenster und fuchtelte mit den Armen. „Warte, ich komme gleich!“

„Beeil dich!“, rief Tobi. Er fuhr vor Philipps Haus eine Runde nach der anderen.

Als ihm das zu langweilig wurde, versuchte er freihändig eine Acht zu fahren. Er wackelte zwar ein bisschen, aber er schaffte es.

Endlich kam Philipp angesaust.

„Wie kann man nur so lange im Bett liegen bei dem tollen Wetter“, sagte Tobi gereizt.

„Woher soll ich denn wissen, was für ein Wetter ist, wenn ich penne?“

„Eben.“

„Du spinnst wohl“, gab Philipp zurück. „Ich beeil mich extra wie blöd und du moserst mich schräg an. Weißt du was? Du kannst mich mal!“ Wütend fuhr Philipp los.

Tobi überlegte einen Moment, dann radelte er Philipp hinterher. Als der das merkte, trat er noch kräftiger in die Pedale. Sie jagten durch die engen Dorfstraßen, mussten vor den Kurven scharf bremsen und gaben gleich wieder Vollgas. Tobi strampelte sich fast die Lunge aus dem Leib, holte Philipp aber trotzdem nicht ein. Das machte ihn so fuchsteufelswild, dass er bei einer scharfen Linkskurve alles riskierte. Er hörte nur kurz auf zu treten, bremste überhaupt nicht ab, fuhr die Kurve so eng an, dass er beinahe den Gartenzaun streifte – da sah er das Auto auf sich zukommen! Reifen quietschten. Tobi riss den Lenker herum, kam an dem Auto gerade noch vorbei – und krachte mit voller Wucht gegen eine Gartenmauer. In hohem Bogen flog er durch die Luft und schlug in einem Blumenbeet auf. Sonne und

Sterne leuchteten goldhell, leise Musik ertönte. Tobi fiel und fiel, bis er endlich auf einem riesigen Bett weich landete. Wie in Zeitlupe. Er federte ein paarmal hoch, dann schluckte ihn das Bett und es wurde stockdunkel.

Arnold Schempp, der Autofahrer, lief zu Tobi, kniete sich neben ihm auf den Boden und tätschelte ihm die Wange. „He, was ist denn? Komm, mach deine Augen auf. Heilig's Donnerwetter, dem wird doch nix passiert sein."

Philipp kam angelaufen und stand ein wenig ratlos dabei.

„Was fahrt ihr auch wie die Verrückten durch die Gegend", schimpfte Arnold Schempp. „Euch sollte man den Hintern versohlen!"

„Ich kann doch nichts dafür ..."

„Jaja, immer sind die andern schuld, das ist klar." Er nahm Tobi vorsichtig hoch und trug ihn zu seinem Auto. „Komm, mach die Tür auf", sagte er zu Philipp. Dann legte er Tobi auf den Rücksitz. „Ich fahre ihn schnell zum Doktor."

3

Tobi schlug die Augen auf. Aus dem Nebel kam ein riesiger Mund auf ihn zu und nuschelte unverständliches Zeug. Tobi wollte um Hilfe schreien, aber er konnte nicht und fiel zurück in den wohligen Traum.

Wie von fern hörte er seinen Namen. „Tobias. Hallo, Tobias!"

Wieder schlug er die Augen auf. Der Mund war jetzt nicht mehr so riesig. Tobi merkte, dass er zu dem Gesicht von Dr. Schmidt gehörte.

„Er kommt zu sich", sagte der Mund.

„Tobias, was ist mit dir?", fragte eine vertraute und besorgte Stimme.

Tobi drehte den Kopf ein wenig und sah seine Mutter. Er wollte aufstehen.

„Langsam, langsam." Dr. Schmidt drückte ihn auf das Kissen zurück.

Tobi musste liegen bleiben. Der Arzt stellte ihm ein paar Fragen und prüfte anschließend seine Reflexe.

„Du hast ein leichte Gehirnerschütterung", sagte er nach der Untersuchung, „und musst einige Tage ruhig liegen. Dann verschwinden auch die Kopfschmerzen bald wieder."

Er gab Tobis Mutter ein Rezept und erklärte ihr noch dies und das. Schließlich nahm sie Tobi auf den Arm und trug ihn hinaus.

Draußen wartete Arnold Schempp in seinem Auto. Er fuhr die beiden nach Hause. Dort legte die Mutter Tobi vorsichtig auf das Sofa im Wohnzimmer.

„Wie geht's dir?“, fragte sie besorgt. „Hast du einen Wunsch?“

„Ich möchte Schokolade", antwortete er.

Die Mutter holte eine angebrochene Tafel und gab Tobi ein Stück. Den Rest legte sie auf den Tisch. „Ich muss schnell mit dem Arnold noch etwas besprechen. Bleib du schön liegen."

Tobi nickte. Aber da dröhnte und pfiff es in seinem Kopf so furchtbar, dass er ihn am liebsten abgerissen hätte.

„Nicht wackeln!", mahnte seine Mutter. „Du darfst nicht wackeln."

Tobi blieb liegen und rührte sich nicht mehr. Langsam ließ das Dröhnen und Pfeifen wieder nach. Er schob die Schokolade in den Mund. Und weil seine Mutter ewig mit Arnold Schempp redete, holte sich Tobi noch ein Stück Schokolade. Und noch eins. Nur ein kleines Eckchen ließ er übrig.

„Na, dir scheint es ja schon wieder recht gut zu gehen", sagte die Mutter, als sie hereinkam und den Rest Schokolade sah.

„Schokolade kann ich immer essen, auch mit einem Brummschädel."

Die Mutter lachte und setzte sich zu ihm. „Nun erzähl mir mal, wie das alles passiert ist."

„Was?", fragte Tobi.

„Na, was wohl? Der Unfall natürlich."

„Das will ich nicht erzählen."

Die Mutter sah Tobi erstaunt an. „Aber ich will es wissen."

„Also – ich Idiot bin hinter Philipp hergerast, so schnell ich konnte. Aber der war einfach schneller. Da bin ich furchtbar wütend geworden. Ich hab alles riskiert und eine Kurve geschnitten …" Als Tobi zu Ende erzählt hatte, fragte er sich verblüfft: Warum hab ich das jetzt alles gesagt? Das wollte ich doch gar nicht.

„Dann stimmt es also, was der Arnold mir …" Die Mutter wurde von der Haustürklingel unterbrochen.

Philipp kam vorbei, um zu erfahren, was mit Tobi los war.

„'ne Beule wie ein Ei hab ich", sagte Tobi. „Und in meinem Kopf fahren Panzer herum. Aber das Schlimmste ist, dass ich bei dem tollen Wetter hier liegen muss."

Verlegen stand Philipp herum. „Tut mir leid, ich …"

„Du kannst ja nichts dafür, dass ich Blödmann dich unbedingt einholen wollte. Das war alles meine Schuld." Wieder wunderte sich Tobi über seine Worte. Warum sage ich denn dauernd Dinge, die ich gar nicht sagen will?, fragte er sich. Da stimmt doch etwas nicht.

„Jetzt braucht Tobias erst mal Ruhe“, sagte die Mutter zu Philipp und schob ihn zur Tür. „Du kannst ihn ja morgen wieder besuchen.“

„Tschüss, bis morgen.“

„Tschüss!“

Als Philipp gegangen war, sah die Mutter Tobi eine Weile still an.

„Ich kann es nicht leiden, wenn du mich so anguckst.“ Er drehte sich zur Seite.

Die Mutter schüttelte nachdenklich den Kopf. „Du bist so verändert, Tobias. Irgendetwas stimmt da nicht.“ Sie setzte sich zu ihm aufs Sofa. „Kannst du mir sagen, wie viel drei mal vier ist?“

„Ich bin doch nicht doof, aber es sind Ferien.“

„Sag mir's, bitte.“

„Zwölf, damit du zufrieden bist. Und jetzt lass mich in Ruhe!“

Die Mutter sagte nichts mehr und ging hinaus.

4

Ein paar Tage später waren die Kopfschmerzen weg. Tobi durfte wieder aufstehen. Er solle nur noch nicht Fußball spielen, boxen und mit dem Kopf gegen die Wand rennen, sagte Dr. Schmidt.

Es war also fast wie vor dem Unfall. Fast!

Dass etwas mit ihm nicht stimmte, hatte Tobi ja ziemlich bald gemerkt. Doch ganz sicher war er erst seit dem Besuch von Dr. Schmidt. Als der ihn fragte, womit man ihm eine Freude machen könne, antwortete Tobi: „Wenn ich Ihnen eine Spritze in den Po drücken darf."

Die Mutter war entsetzt. Auch Tobi erschrak über seine Worte.

Dr. Schmidt lächelte. „Ich kann diesen Wunsch zwar gut verstehen, aber leider nicht erfüllen."

Seither wusste Tobi also, was anders geworden war: Er konnte nicht mehr flunkern und lügen. Er musste immer die Wahrheit sagen, ob er wollte oder nicht. Ausgerechnet er, der so gerne Flunkergeschichten erzählte.

„Was ist nur mit dir los?", fragte die Mutter. „Seit dem Unfall bist du oft so vorlaut und frech."

„Ich bin nicht vorlaut und frech, ich sage nur die Wahrheit."

„Jetzt bist du schon wieder frech", sagte der Vater. „Das merkst du wohl gar nicht mehr."

„Ich habe aber nur die Wahrheit gesagt", verteidigte sich Tobi. „Seit dem Unfall muss ich das immer."

„Was musst du immer?"

„Die Wahrheit sagen."

„Das ist doch gut", meinte der Vater. „Ich bin dafür, dass man die Wahrheit sagt."

„Du hast nichts verstanden", murmelte Tobi.

„Na, na!"

Tobi erklärte seinen Eltern noch einmal ganz genau, wie das bei ihm war. Zum Schluss sagte er: „Und jetzt muss ich immer sagen, was ich denke und was wahr ist."

Seine Eltern sahen sich fragend an.

„Nein, dass es so etwas gibt", klagte die Mutter. „Und ausgerechnet bei unserem Tobias. Der Junge muss sofort ins Krankenhaus."

„Langsam, langsam", beruhigte sie der Vater. „So schlimm finde ich das Ganze nicht. Jetzt warten wir erst mal ab, vielleicht verschwindet das wieder von allein."

„Hoffentlich."

Der Vater klatschte in die Hände. „Wisst ihr was? Weil es Tobias jetzt wieder besser geht, fahren wir heute zusammen ins Freibad und machen uns einen schönen Tag."

„Richtig mit Picknick?", fragte Tobi.

„Richtig mit Picknick!"

„Hurra!"

„Dann müsst ihr mir aber helfen alles herzurichten", sagte die Mutter.

„Ist doch klar!" Tobi raste in den Keller und holte zwei Flaschen Limonade.

„Langsam, Tobias!", rief die Mutter.

Schon sauste er ins Wohnzimmer und kramte die Spielesammlung aus dem Schrank. Dann flitzte er ins Kinderzimmer und schnappte sich seinen neuen Ball. Damit lief er in die Küche, schnaufend wie ein Walross.

„Dass du auch immer so übertreiben musst", sagte die Mutter. „Du musst ruhiger werden, viel ruhiger."

„Das ist doch langweilig!"

Der Vater lächelte. „Ich versteh ihn gut. Ich hatte als Junge auch Hummeln im Hintern und konnte nie still sitzen."

„Jaja", stöhnte die Mutter, aber sie schmunzelte dabei. „Das merkt man bis heute."

Der Vater nahm sie in die Arme und gab ihr einen schmatzenden Kuss. „Bist du etwa nicht zufrieden mit mir?“, fragte er grinsend.

Als Antwort gab die Mutter ihm einen Kuss auf die Nase.

Tobi drängelte sich zwischen seine Eltern.

„Ich will auch schmusen!“, rief er. „Nicht nur ihr.“

Da hob der Vater ihn hoch und drückte ihm einen Kuss auf die linke Wange. Gleichzeitig bekam er von der Mutter einen auf die rechte. Dabei wuschelte sie ihm durch die Haare.

„Bist du nun zufrieden?“

„Ja!“ Tobi strahlte über das ganze Gesicht. „So schön soll es immer sein.“

„Ich habe nichts dagegen“, sagte der Vater.

5

Im Freibad war viel Betrieb. Anscheinend wollte das halbe Dorf den herrlichen Badetag am Ende der Ferien ausnutzen. Tobi und seine Eltern fanden gerade noch ein kleines Plätzchen auf der Wiese. Gleich neben ihnen lag ein junges Liebespaar, das sich ununterbrochen küsste. Auf der anderen Seite schnarchte ein ziemlich dicker Mann in seinem Liegestuhl.

„Wenn ich das gewusst hätte", murmelte die Mutter.

„Wir springen einfach ins Wasser“, schlug der Vater vor. „Deshalb sind wir ja schließlich gekommen.“ Und schon watschelte er los wie eine Ente.

„Halt!“, rief Tobi. „Wir müssen erst noch die Luftmatratze aufblasen.“

Der Vater machte kehrt und watschelte zurück. „Wie der Herr befiehlt“, sagte er mit ernstem Gesicht.

„Sei doch nicht so albern.“ Die Mutter schüttelte den Kopf. „Was sollen denn die Leute denken?“

„Die Leute?“ Der Vater hob eine Hand an die Stirn, als würde er in die Ferne blicken. „Wo sind denn hier Leute?“

So aufgedreht hatte Tobi seinen Vater schon lange nicht mehr erlebt. Er stellte sich neben ihn und schaute ebenfalls in die Ferne. „Ich sehe viele Leute, aber was die denken, ist mir schnurzegal.“

„Recht so, mein Sohn“, lobte der Vater. „Aus dir wird noch mal was.“

Sie sahen einander an und plötzlich mussten alle drei furchtbar lachen. Das Liebespaar hörte auf, sich zu küssen. Der dicke Mann öffnete die Augen und fragte: „Is’ was?“

„Nein, nein“, antwortete der Vater schnell. „Wir sind nur eine lustige Familie, das ist alles.“

„So, so“, nuschelte der dicke Mann und schloss die Augen wieder.

Das Liebespaar küsste sich weiter.

Als die Luftmatratze endlich aufgeblasen war, gingen Tobi und sein Vater zum Wasser. Auf dem Weg entdeckte Tobi Katharina und Anne. Er versuchte, sich hinter seinem Vater zu verstecken. Vergeblich.

„He, Tobi!“, rief Anne. „Komm doch mal zu uns! Katharina freut sich bestimmt.“

Tobi sah noch, wie Katharina ihre Schwester in die Seite boxte. Dann lief er los und sprang ins Becken, ohne sich abzukühlen. Er schwamm so lange unter Wasser, bis sein hämmerndes Herz ihn zum Auftauchen zwang.

„Tobias!“, rief die Mutter. „Das ist …“

Mehr hörte Tobi nicht, er tauchte sofort weiter. Als er den Kopf wieder aus dem Wasser streckte, kam sein Vater auf der Luftmatratze angeschwommen. Tobi tat so, als würde er ihn nicht sehen. Er wartete noch einen Moment, dann tauchte er blitzschnell und kippte die Matratze um. Der Vater patschte und prustete wie ein Ertrinkender. Dann schnappte er sich Tobi, hob ihn hoch und warf ihn ins Wasser.

„Nicht so doll“, bat die Mutter.

„Mach doch mit, Mama!“

„Nein, nein, ihr seid mir zu wild." Die Mutter schwamm davon.

„Wild ist schön!", rief Tobi.

Er und sein Vater tollten weiter im Wasser herum. Auf einmal entdeckten sie Philipp und zu dritt hatten sie noch mehr Spaß.

„Ich kann nicht mehr“, stöhnte der Vater nach einer Weile. „Ich muss an Land, sonst ersaufe ich.“

„Nur noch ein bisschen“, bettelten Tobi und Philipp.

Doch der Vater schwamm schon der Treppe entgegen. Draußen legte er sich auf sein Handtuch und spielte „toter Mann“. Die beiden Jungen schlichen sich an. Tobi gab seinem Freund ein Zeichen, dann kitzelten sie den Vater so heftig, dass er kreischend aufsprang.

„Er lebt noch!“, rief Philipp.

„Das habe ich auch weiter vor“, sagte der Vater. „Lasst mich also bitte mal ein bisschen verschnaufen.“ Er zwinkerte. „Ein alter Mann ist schließlich keine Rakete.“

„Gut, dass du das endlich einsiehst“, stimmte seine Frau ihm zu. Sie hatte sich inzwischen in die Sonne gelegt, um schön braun zu werden.

„Papa ist spitze, nicht so lahm wie du."

„Na, na", brummte der Vater. Dann kniete er sich neben seine Frau und fuhr ihr sanft über den Rücken. „Deine Mama ist schon in Ordnung."

„Aber nicht immer."

„Du vielleicht?"

„Nein", musste Tobi zugeben.

Er holte die Spielesammlung aus der Tüte. Philipp und er hatten beschlossen, „Mensch ärgere dich nicht" zu spielen. Die Mutter hatte keine Lust. Der Vater wollte sich noch ein wenig ausruhen.

„Eltern wollen sich immer ausruhen", meckerte Tobi. „Das ist doch doof und langweilig." Er hockte sich hin und drehte seinen Eltern den Rücken zu. Ihm gegenüber saß der dicke Mann auf seinem Liegestuhl und mampfte Würstchen. Dazu trank er Bier. Tobi guckte ihm die ganze Zeit zu.

„Is' was?", fragte der dicke Mann.

„Ich warte, bis Sie platzen."

„Platzen?"

„Ja", antwortete Tobi. „Wer so dick ist und dann noch so viel isst und trinkt, der muss doch irgendwann platzen."

„Halt dein freches Maul, sonst setzt's was!", drohte der dicke Mann und erhob sich.

Vorsichtshalber suchte Tobi das Weite und beobachtete, wie sein Vater mit dem dicken Mann redete. Plötzlich tippte sich der an die Stirn, klappte seinen Liegestuhl zusammen, nahm seine Badetasche und marschierte davon.

Tobi wartete, bis er weit genug weg war, dann lief er zurück. „Der hat doch wirklich ausgesehen, als würde er bald platzen."

„Aber so etwas sagt man nicht", ermahnte ihn die Mutter.

„Ich muss es …"

„Hör bitte auf damit", bat der Vater. „Wenigstens haben wir jetzt genügend Platz für unser Picknick."

Philipp legte sein Badetuch auf die freie Stelle. Dann räumten sie den Picknickkorb leer, breiteten alles auf einem Küchentuch aus und ließen es sich schmecken.

6

Am nächsten Morgen schickte die Mutter Tobi zum Bäcker. Er sollte frische Brötchen und Brezeln kaufen. Sein Rad war noch nicht repariert, das Rad seiner Mutter bekam er nicht. Also musste er wohl oder übel zu Fuß gehen. Für einen Cowboy ist das fast eine Schande. Das sagte er seiner Mutter. Aber es half alles nichts.

Mürrisch zockelte er los. Auf einmal sah er vor sich die Schniegel-Paula. Sie kehrte den Gehweg vor ihrem Haus, obwohl er mehr als sauber war.

Bevor Tobi auf die andere Seite wechseln konnte, fing sie auch schon an: „Ja, bist du wieder gesund, Bub? Das freut mich aber. Da hast du noch mal Glück gehabt. So ein Sturz kann schlimm enden. Mein Walter ist auch einmal mit dem Rad gestürzt und …“

„Das interessiert mich nicht“, unterbrach Tobi sie mürrisch.

„Wie?“ Die Schniegel-Paula traute ihren Ohren nicht.

„Dein Geschwätz interessiert mich nicht.“ Tobi wollte an ihr vorbei.

Die Schniegel-Paula stellte sich ihm in den Weg. „Du bist aber ein frecher Bengel. Sagt man so etwas zu einer alten Frau?“

„Ja, weil du eine alte Klatschbase bist.“ Er machte einen Bogen um sie herum.

„Du Lümmel, du!“, schimpfte die Schniegel-Paula und hob drohend ihren Besen.

Da streckte Tobi ihr die Zunge raus.

„Na warte, das sag ich alles deiner Mutter!“, schimpfte die Nachbarin.

Tobi hopste weiter.

In der Bäckerei waren zwei Frauen vor ihm dran. Er stellte sich an und wartete. Da kam ein Mann herein und stellte sich neben ihn. Als Tobi an der Reihe war, drängte sich der Mann vor.

„Geben Sie mir schnell ein Mischbrot und drei Quarkschnitten."

„Ich bin dran", wehrte sich Tobi und stellte sich wieder vor den Mann.

„Ich hab's eilig."

„Das ist mir egal, jetzt bin ich dran."

„Na, hör mal", sagte der Mann lauter.

„Sie glauben wohl, weil ich erst neun bin, können Sie mich einfach wegschubsen. Aber ich war zuerst da!"

„Hat man so etwas schon erlebt?" Der Mann schaute die Verkäuferin an. „Ist neun Jahre und schon so frech."

„Eigentlich hat er ja recht", antwortete die Verkäuferin.

„Wie bitte?"

„Na ja, er war doch wirklich vor Ihnen da."

„Wenn das so ist, dann hole ich mein Brot eben woanders." Der Mann drehte sich um und verließ den Laden.

Tobi und die Verkäuferin sahen ihm nach.

„So ein blöder Heini."

„Ich find's toll, dass du dich gewehrt hast", sagte die Verkäuferin.

„Und ich find's toll, dass Sie mir geholfen haben."

„Ist schon recht."

Tobi kaufte Brötchen und Brezeln. Auf dem Rückweg kam ihm ein hervorragender Gedanke. Er lief schnell zu Philipp und erzählte ihm davon. Der war begeistert. Er suchte eine Tube Senf und eine Tube Ketchup. Damit schlichen sie vorsichtig zum Haus der Schniegel-Paula. Dort schmierten sie Senf und Ketchup auf die Türklinke an der alten Haustür. Dann klingelten sie und versteckten sich schnell hinter einem Busch.

Die Schniegel-Paula kam heraus. „Ist da wer?"

Weil sie niemand sah, wollte sie im Garten nachschauen und die Tür ein wenig hinter sich zuziehen. Dabei griff sie voll in Senf und Ketchup. „Igittigittigitt!", schrie sie. „So eine Schweinerei! Das war bestimmt dieser Lümmel." Sie sah sich um. „Na warte, wenn ich dich erwische!"

Tobi und Philipp hockten hinter dem Busch und konnten sich das Lachen kaum verkneifen.

Die Schniegel-Paula kam in den Garten – genau auf den Busch zu! „Wo hast du dich versteckt?"

Tobi und Philipp verging das Lachen. Sie schlichen auf Zehenspitzen um den Busch herum, um nicht entdeckt zu werden.

„Einmal erwische ich dich doch!“, rief die Schniegel-Paula, bevor sie wieder ins Haus ging.

Tobi und Philipp schlichen im Schutz des Busches aus dem Garten. Als sie in Sicherheit waren, atmeten sie erleichtert auf.

„Das war knapp“, sagte Philipp.

„Verdammt knapp“, stimmte Tobi ihm zu. „Ich hab gedacht, sie hat uns gesehen.“

„Die hätte uns mit ihrer verschmierten Hand bestimmt ein paar Ohrfeigen gegeben, wenn sie uns erwischt hätte. So wütend war die.“

Tobi nickte. „Dann würden wir jetzt aussehen wie zwei Indianer mit Kriegsbemalung. Alles gelb und rot verschmiert.“

„Und einen Kriegstanz hätten wir aufgeführt mit furchtbarem Kriegsgeschrei“, spann Philipp den Gedanken weiter.

Tobi guckte Philipp einen Moment an. Dann sprang er um ihn herum wie Rumpelstilzchen. Dazu stieß er wilde Laute aus. Philipp machte sofort mit. So tanzten die beiden mit lautem Kriegsgeschrei die Straße entlang. Ein paar Erwachsene schüttelten die

Köpfe und riefen ihnen etwas zu. Doch die beiden hörten nichts und hüpften weiter. Bis Tobi Katharina und Anne an ihrem Gartenzaun lehnen sah. Sofort blieb er stehen und hörte auf wie ein Indianer zu heulen.

Anne tippte sich an die Stirn. „Die zwei sind nicht ganz dicht. Ich hab's ja immer gesagt." Sie grinste erst Tobi, dann Katharina an. „Und so einer ist dein Liebster", sagte sie kichernd.

Katharina drehte sich um und lief ins Haus.

Tobi ließ die Einkaufstasche fallen und ging auf Anne zu. Obwohl sie einen Kopf größer und bei den

Kindern in der ganzen Straße gefürchtet war, hatte er keine Angst vor ihr. Jetzt nicht. Er drückte sie gegen den Gartenzaun und Anne war so überrascht, dass sie sich nicht wehrte.

Tobi schrie ihr ins Gesicht: „Du bist die gemeinste Petze im ganzen Dorf!" Voller Wut schüttelte er Anne. Die machte sich los und flüchtete.

„Der hast du es aber gegeben", sagte Philipp bewundernd und hob die Tasche auf. Die brachten sie Tobis Mutter. Dann spielten sie in der Garageneinfahrt ziemlich lustlos mit einem Ball.

Plötzlich riss Philipp Mund und Augen auf. „Die alte Schniegel kommt!"

„Spiel weiter“, flüsterte Tobi, „und nichts anmerken lassen.“

Die beiden kickten sich den Ball zu und schienen die Schniegel-Paula nicht zu bemerken.

„Aha, du warst also auch dabei!“, rief die schon von Weitem und zeigte auf Philipp.

Der reagierte überhaupt nicht und dribbelte mit dem Ball um Tobi herum wie Philipp Lahm.

„Wartet nur, ihr zwei!“, drohte die Schniegel-Paula und klingelte an der Haustür Sturm.

Tobis Mutter kam herausgestürzt. „Was ist denn los? Ist was passiert?“

„Und ob etwas passiert ist“, schnaubte die Schniegel-Paula. „Die beiden Bengel haben meine Türklinke mit Senf und Ketchup vollgeschmiert …“

Weil sie Ketchup mit „u“ aussprach, mussten Tobi und Philipp lachen.

„Und jetzt lachen sie mich auch noch aus, diese Lümmel!“ Sie streckte Tobis Mutter etwas entgegen. „Meine beste Schürze ist vollgeschmiert mit dem ekligen Zeug. Die müsst ihr auf jeden Fall reinigen lassen.“

„Moment, Moment“, sagte die Mutter. „Hast du gesehen, dass es Tobias und Philipp waren?“

„Das weiß ich auch so und …“

„Du hast es also nicht gesehen“, unterbrach die Mutter sie. „Wie kommst du dann auf die beiden?“

„Weil … die machen doch lauter solche Sachen. Das weiß ja jeder. Und deiner war schon vorher so frech zu mir. Ich sei eine alte Klatschbase, hat er gesagt. Stell dir das mal vor!“

„Das hat er nicht …“ Die Mutter brach ihren Satz ab. „Das werden wir gleich haben“, meinte sie. „Wir fragen die zwei einfach.“

„Die brauchst du nicht zu fragen“, sagte die Schniegel-Paula. „Die leugnen natürlich alles.“

Die Mutter wandte sich an Tobi und Philipp. „Ihr habt gehört, was die Paula gesagt hat. Stimmt das?“

„Nein“, antwortete Philipp sofort. „Tobias hat mich abgeholt, dann sind wir gleich hierhergekommen und haben Fußball gespielt.“

„Das ist nicht wahr“, widersprach ihm Tobi. „Wir haben bei dir Senf und Ketchup mitgenommen und es auf ihre Türklinke geschmiert. Aber es war ganz allein meine Idee.“

Philipp und die Schniegel-Paula waren von diesem Geständnis so überrascht, dass sie Tobi wie ein Weltwunder anstarrten.

„Dann entschuldigt ihr euch jetzt sofort“, sagte die Mutter.

„'tschuldigung", murmelten die beiden.

Die Schniegel-Paula konnte es noch immer nicht fassen.

„Deine Schürze wasche ich." Die Mutter ging mit Tobi und Philipp ins Haus. In der Tür murmelte sie noch: „Mit der Klatschbase hatte Tobias völlig recht."

7

Tobi warf den Ball gegen die Garage und fing ihn wieder auf. Dann klatschte er vor dem Auffangen in die Hände. Schließlich drehte er sich einmal um sich selbst. Tobi schaffte auch das, ohne dass der Ball zu Boden fiel. Darüber freute er sich so, dass er ihn hoch in die Luft warf. Zu hoch! Der Ball flog auf das Garagendach und von dort über die Hecke in den Nachbargarten.

„Mist", murmelte Tobi.

Er überlegte noch, was er jetzt tun sollte, da kam der Ball zurückgeflogen und kullerte an ihm vorbei. Tobi guckte ihm ungläubig hinterher. Er nahm den Ball und warf ihn gleich noch einmal über die Hecke. Wieder kam er zurück. Tobi ging ganz nah an die Hecke heran, aber er konnte nicht durchsehen. Sie war zu dicht. Er lauschte angestrengt, doch auf der anderen Seite war alles still.

„Katharina?", fragte er leise.

„Ja."

Es war Katharina. Tobis Herz klopfte stärker. „Warum hast du den Ball zurückgeworfen?"

„Einfach so."

„Du bist nett.“

Katharina sagte nichts.

Plötzlich rannte Tobi weg, weil er wusste, dass er sonst alles sagen musste, was er dachte. Er lief ins Haus und in sein Zimmer. Dort ließ er sich rückwärts auf sein Bett fallen und streckte alle viere von sich. Über ihm schwebten die Mobile-Fische. Denen schaute er eine Weile zu. Ich möchte ein Fisch sein, schoss es ihm durch den Kopf. Die haben es gut. Die machen den ganzen Tag nur blub-blub und müssen nie reden.

Tobi stand wieder auf und setzte sich zu seiner Autorennbahn. Er stellte den Porsche und den Ferrari auf die Startplätze, schaltete den Trafo ein und startete das Rennen. Sofort drückte er die Geschwindigkeitsregler ganz nach unten. Die Rennwagen sausten durch die erste lang gezogene Kurve. Aus der zweiten Kurve flog der innen fahrende Porsche hinaus und riss den Ferrari mit. Tobi hatte keine Lust, sie noch einmal aufzustellen. Er hatte überhaupt zu nichts Lust. Dauernd musste er an Katharina denken.

Er ließ alles liegen und lief die Treppe hinunter. Diesmal knallte er die Haustür nicht wie üblich zu. Draußen lief er auch nicht mehr, sondern ging langsam zum Nachbargarten. Katharina spielte allein im

Sandkasten. Von Anne war nichts zu sehen. Tobi blieb neben Katharina stehen und schaute ihr zu, wie sie mit den Förmchen Sandkuchen backte. Einmal guckte sie kurz zu ihm hoch. Tobi setzte sich neben sie. Da streckte ihm Katharina ein Sternförmchen entgegen. Er nahm es, füllte Sand hinein und stülpte es zwischen Katharina und sich auf das Sitzbrett. Als er das Förmchen hob, zerrieselte der Stern. Tobi wischte den Sand schnell zurück in den Sandkasten.

„Du musst von dem feuchten Sand nehmen", sagte Katharina.

Tobi nickte und füllte das Förmchen mit feuchtem Sand. Dann patschte er mit einer Sandschaufel kräftig drauf und stülpte das Förmchen wieder zwischen Katharina und sich. Behutsam hob er es hoch – und hervor kam ein ganzer Stern.

„Schön."

„Der ist für dich." Mehr brachte Tobi nicht heraus. Sein Hals war wie zugeschnürt.

Katharina und Tobi spielten noch eine Weile im Sandkasten.

Plötzlich sagte Tobi: „Dich mag ich am meisten von allen Mädchen."

Katharina tat, als hätte sie es nicht gehört. „Komm, wir bauen eine Burg!"

Sie türmten den ganzen Sand hoch auf. Dann gruben sie einen Tunnel. Katharina von der einen Seite, Tobi von der anderen. Zweimal stürzte die Wand ein. Doch sie versuchten es weiter. Und irgendwann berührten sich ihre Finger in der Mitte des Tunnels. Sie hatten es geschafft.

Sie holten Wasser und gossen es in den Sandkasten. Um die Burg herum bildete sich ein See. Das Wasser stieg höher und floss in den Tunnel. Dann schauten Tobi und Katharina zu, wie der Tunnel ausgehöhlt wurde und einstürzte. Und mit ihm die Burg.

Tobi kniete sich hin und rührte in dem Sandbrei. Er nahm eine Handvoll und machte eine Faust. Dabei quoll die Pampe zwischen den Fingern durch. „Das ist toll", sagte er. „Das musst du auch ausprobieren."

Katharina kniete sich neben ihn und versuchte es.

„Pass auf", sagte sie plötzlich, zog ihre Sandalen aus und stellte sich barfuß in den Sandkasten.

Tobi machte es ihr sofort nach. Die beiden traten, trampelten, hüpften in der Matschpampe herum, dass sie bald aussahen wie zwei Schweine auf zwei Beinen.

8

Die Ferien waren zu Ende, die Schule hatte wieder begonnen. Die Klasse 4a hatte einen neuen Lehrer bekommen. Und was für einen!

„Ausgerechnet diesen Quak-Quak“, stöhnten die Schüler.

Der Quak-Quak hieß in Wirklichkeit Frosch, aber die Schüler nannten ihn nur Quak-Quak, weil er immer so viel und so schnell redete, dass man höchstens die Hälfte verstand. Wenn sie mit ihm sprachen, sagten sie natürlich Herr Frosch zu ihm.

Gleich am ersten Schultag hielt Herr Frosch seiner Klasse einen langen Vortrag über seine Vorstellung vom Unterricht und über die besondere Bedeutung des vierten Schuljahres für den weiteren Lebensweg der Schüler.

Die Schüler langweilten sich furchtbar. Manche gähnten, andere tuschelten.

Philipp saß neben Tobi und blätterte unter dem Tisch in seinem neuen Mickymaus-Heft. „Der Quak-Quak schnattert wie Donald Duck“, flüsterte er Tobi zu.

Der lachte.

Herr Frosch klopfte auf den Tisch und runzelte die Stirn. Dann redete er weiter.

Tobi versuchte, nicht mehr in Philipps Mickymaus-Heft zu schielen, sondern Herrn Frosch zuzuhören. Doch sosehr er sich auch anstrengte, er verstand kaum etwas. Irgendwann wurde es ihm zu dumm. Er meldete sich, aber Herr Frosch bemerkte ihn nicht. Da schnipste Tobi laut und rief: „Herr Quak-Quak!"

„Wie bitte?"

In der Klasse wurde es schlagartig still. Im nächsten Moment begannen die Ersten zu kichern. Die Schüler sahen abwechselnd zu Tobi und zu Herrn Frosch.

„Wir schlafen gleich ein, wenn Sie nicht aufhören so komisches Zeug zu erzählen", sagte Tobi.

Herr Frosch schnappte nach Luft. „Wie … was … was fällt dir ein!", schnaubte er. „Wie kannst du es wagen, so etwas zu sagen!"

„Ich sage nur die Wahrheit."

„Die Wahrheit!", rief Herr Frosch mit hochrotem Kopf. „Du … du bekommst eine saftige Strafarbeit, dann werden dir solche Frechheiten vergehen!"

„Warum soll ich eine Strafarbeit schreiben, wenn ich nur die Wahrheit sage?", wollte Tobi wissen. „Fragen Sie doch mal, wer Ihnen zugehört hat, wenn Sie mir nicht glauben."

„So etwas ist mir noch nie passiert“, murmelte Herr Frosch völlig verstört. „In 23 Jahren ist mir so etwas noch nie passiert.“ Er bat die Schüler, sich ruhig zu verhalten, und verließ das Klassenzimmer.

Kaum war er draußen, stürmten die meisten auf Tobi zu. Sie erdrückten ihn fast.

„Du warst spitze!“, rief jemand.

„Spitze? Er war superklasse!“, brüllte ein anderer. „Der Quak-Quak hat dagestanden und wie ein Frosch geguckt.“

Alle lachten.

Tobi genoss es, von seinen Mitschülern so bewundert zu werden.

„Seit wann bist zu denn so mutig?“, wollte ein Mädchen wissen.

„Ich bin nicht mutiger als bisher, ich muss nur immer die Wahrheit sagen“, gab Tobi zu. Dabei hätte er lieber etwas anderes geantwortet.

„Das verstehe ich nicht.“

Tobi wollte seinen Mitschülern gerade erklären, was mit ihm los war, da öffnete sich die Tür. Herr Frosch kam mit dem Rektor zurück. Die Schüler stürmten auseinander und setzten sich schnell an ihre Plätze. Herr Frosch und der Rektor stellten sich nebeneinander vor die Tafel.

„Ich muss euch etwas sagen, Kinder“, begann der Rektor. „Ich hätte mit eurem Klassenlehrer und euch schon vor der ersten Stunde sprechen sollen. Aber ich hatte so viel zu tun.“ Er wirkte ein wenig nervös. „Nun hört mir bitte mal gut zu, damit ihr versteht, warum das vorhin passiert ist. Tobias' Mutter war gestern bei mir und hat mir erzählt, dass er in den Ferien einen Unfall mit dem Fahrrad hatte. Vielleicht habt ihr davon gehört.“

Einige Schüler nickten.

„Tobias hatte eine Gehirnerschütterung und … Ja, wie soll ich euch das am besten erklären? Seit dem Unfall stimmt etwas nicht mehr in seinem Kopf. Tobias sagt oft Dinge, die er gar nicht sagen will. Aber er kann nichts dafür. Deswegen müssen wir jetzt viel Geduld mit ihm haben. Wie mit einem Kranken. Vielleicht …“

„Ich bin nicht krank“, fiel ihm Tobi ins Wort. „Und verrückt bin ich auch nicht, damit das klar ist. Ich sage nur die Wahrheit und das ist doch wohl nichts Schlimmes, oder?“

„Ja … nein …“, stotterte der Rektor. „Eigentlich nicht, aber …“ Er zog die Schultern hoch und sah Herrn Frosch fragend an. „Ich weiß auch nicht“, murmelte er und verließ kopfschüttelnd den Raum.

Herr Frosch räusperte sich. „Ja, dann wollen wir mal weitermachen."

Es war ihm deutlich anzumerken, wie sehr er sich bemühte, langsam und verständlich zu reden und ja nichts Falsches zu sagen. Und zwischendurch schielte er immer wieder zu Tobi.

Aber der hörte ihm gar nicht mehr zu. Er las unter der Bank im neuen Mickymaus-Heft, das ihm Philipp ausgeliehen hatte.

Tobi hat natürlich noch mehr erlebt, noch mehr Verwirrung gestiftet und noch vielen Leuten im Dorf die Wahrheit sagen müssen. Manche haben ihm das sehr übel genommen oder einfach behauptet: „Der spinnt!"

Wer weiß, wie das alles noch geendet hätte, wenn … ja, wenn nicht eines Tages Folgendes passiert wäre:

Tobi suchte verzweifelt seine einzige Euromünze aus Finnland, fand sie aber nicht. Schon den Tränen nahe, nahm er eine Taschenlampe und krabbelte noch einmal unter den Küchentisch. Da entdeckte er sie im hintersten Winkel und sprang vor Freude hoch. Dabei knallte er mit dem Hinterkopf gegen die Tischplatte, dass er Sternchen sah. Er hielt sich den Kopf, heulte, schimpfte und trat mit dem Fuß kräftig gegen den Tisch. Seine Mutter kam herein und fragte, was passiert sei. Da erzählte Tobi ihr alles – und noch viel mehr!

Und während er redete, merkte Tobi plötzlich, dass er wieder flunkern konnte. Aber er ließ sich nichts anmerken und sagte es keinem Menschen …